Bibliografische Information der Deutschen Nationalbibliothek:

Die Deutsche Bibliothek verzeichnet diese Publikation in der Deutschen National-
bibliografie; detaillierte bibliografische Daten sind im Internet über http://dnb.d-
nb.de/ abrufbar.

Impressum:

Copyright © 2007 GRIN Verlag, Open Publishing GmbH
Druck und Bindung: Books on Demand GmbH, Norderstedt Germany
ISBN: 9783668329157

Dieses Buch bei GRIN:

http://www.grin.com/de/e-book/131541/moeglichkeiten-und-grenzen-von-filmen-
im-literaturunterricht-das-parfum

Jessica Horn

Möglichkeiten und Grenzen von Filmen im Literaturunterricht. "Das Parfum" von Patrick Süskind in der gymnasialen Oberstufe

GRIN Verlag

GRIN - Your knowledge has value

Der GRIN Verlag publiziert seit 1998 wissenschaftliche Arbeiten von Studenten, Hochschullehrern und anderen Akademikern als eBook und gedrucktes Buch. Die Verlagswebsite www.grin.com ist die ideale Plattform zur Veröffentlichung von Hausarbeiten, Abschlussarbeiten, wissenschaftlichen Aufsätzen, Dissertationen und Fachbüchern.

Besuchen Sie uns im Internet:

http://www.grin.com/

http://www.facebook.com/grincom

http://www.twitter.com/grin_com

Inhaltsverzeichnis

1. Einleitung

Schon zu Beginn des 20. Jahrhunderts mit der Ausbreitung des Kinofilms kamen Überlegungen auf Kinder und Jugendliche vor möglichen Gefahren durch Medien zu schützen. Doch neben solchen bewahrpädagogischen Ansätzen entstand insbesondere mit der Ausbreitung des Fernsehens in den 50er und 60er Jahren der Gedanke geeignete Filme für Kinder und Jugendliche zu produzieren und sie an diese wertvollen Medien heranzuführen.[1]

In diesem Zusammenhang war die Leitidee der Medienpädagogik die Förderung eines mündigen Mediennutzers[2], der durch das Informationsangebot in der Lage sei sein Verständnis von Demokratie und Kultur zu erweitern.

In diesem Sinne hat auch die Bund-Länder-Kommission für Bildungsplanung und Forschungsförderung mit ihrem „Orientierungsrahmen – Medienerziehung in der Schule" zukunftsweisende bildungspolitische Akzente gesetzt[3], denen sich auch die Kultusministerien angeschlossen haben und eine „rechtzeitige Einflussnahme auf den Umgang mit den Medien"[4] forderten.

Gerade im Hinblick auf den konkreten Mediengebrauch im Unterricht sind Fragen von deren Zielvorstellungen für Erziehung und Bildung, deren Bedingungen um diese Zielvorstellungen zu erreichen und den neuen Aufgaben, die sich nun für Pädagoginnen und Pädagogen im Bereich medienpädagogische Kompetenzen auftun[5] von tragender Bedeutung. Anknüpfend an diese Fragen soll diese Hausarbeit nun konkretisiert am Beispiel des Films im Literaturunterricht der gymnasialen Oberstufe Möglichkeiten und Grenzen von diesem Medium im schulischen Unterricht aufzeigen. Hierzu sollen zunächst die Bestimmungen und Zielsetzungen von Filmen im Lehrplan der gymnasialen Oberstufe des Bundeslandes Nordrhein-Westfalen beschrieben werden. Zu diesem Zweck sollen vor allem die positiven sowie negativen Auswirkungen des Films auf die Kompetenzen des Spracherlernens, der Kommunikationsfähigkeit und des Medienumgangs bei Jugendlichen untersucht werden.

---

[1] Vgl.: Tulodziecki, Gerhard: Erziehung und Bildung im Medienzusammenhang. Ziele, Bedingungen, Aufgaben und Kompetenzen. In: Kinder an die Fernbedienung. Konzepte und Kontroversen zum Kinderfilm und Kinderfernsehen. Hrsg. von Joachim von Gottberg, Lothar Mikos, Dieter Wiedemann. Berlin: VISTAS Verlag, 1997, S. 176.

[2] Ebd., 176.

[3] Vgl.: Wolf, Lothar: Stichwort: Medienkompetenz. Bedingungen und Perspektiven der Medienerziehung. In: Kinder an die Fernbedienung. Konzepte und Kontroversen zum Kinderfilm und Kinderfernsehen. Hrsg. von Joachim von Gottberg, Lothar Mikos, Dieter Wiedemann. Berlin: VISTAS Verlag, 1997, S. 167.

[4] Ebd., S.168.

[5] Vgl.: Tulodziecki, Gerhard: Erziehung und Bildung im Medienzusammenhang. Ziele, Bedingungen, Aufgaben und Kompetenzen. In: Kinder an die Fernbedienung. Konzepte und Kontroversen zum Kinderfilm und Kinderfernsehen. Hrsg. von Joachim von Gottberg, Lothar Mikos, Dieter Wiedemann. Berlin: VISTAS Verlag, 1997, S. 175f.

Die für Pädagoginnen und Pädagogen wichtigen Fragen von den Voraussetzungen und Bedingungen für die Arbeit mit Filmen im Literaturunterricht sowie Probleme die sich bei der Arbeit mit Filmen ergeben können, sollen im weiteren Verlauf beantwortet werden. In einem praktischen Teil dieser Arbeit, der die Grenzen und Möglichkeiten des Films „Das Parfum" nach dem gleichnamigen Roman von Patrick Süskind im Literaturunterricht behandeln soll, soll anhand konkreter Szenensequenzen die Gegenüberstellung von Film und Roman dargestellt werden.

Im Hinblick auf unser heutiges Medienzeitalter und die wachsende Bedeutung sich in der Fülle von Medien zurecht finden zu können, spricht dieses Thema einen ernstzunehmenden Punkt an, dem sich Pädagoginnen und Pädagogen auch zu stellen haben. Denn es kann nicht sein, wie es auch schon Wolfgang Bergmann kritisierte, „dass die Schulen den medientrainierten Kindern oft einen Unterricht vor die Nase setzten wie in den sechziger Jahren."[6] In diesem Sinne soll auch der hier präsentierte Unterrichtsvorschlag zum Thema Film als mögliche Chance beim Lehren verstanden werden.

2. Zielsetzung von Filmen im Lehrplan der gymnasialen Oberstufe des Bundeslandes Nordrhein-Westfalen

Im Lehrplan für die Sekundarstufe II an Gymnasien und Gesamtschulen in Nordrhein-Westfalen übernimmt das Unterrichtsfach Deutsch generell als sprachliches Fach die Aufgabe des Erwerbs der sprachlichen Kompetenzen. Für Schülerinnen und Schüler heißt das, dass sie im Deutschunterricht lernen sollen sich mit dem Verstehen und Verfassen von Texten, der Literatur und anderen sprachlich- visuell vermittelten künstlerischen Ausdrucksformen auseinanderzusetzen.[7] Für den konkreten Filmeinsatz im Deutschunterricht bedeutet dies, dass die Schülerinnen und Schüler die deutsche Sprache nach Gestalt, geschichtlicher und aktueller Veränderung sowie individueller und gruppenspezifischer Wirksamkeit zu reflektieren lernen und daraus Konsequenzen für das eigene Sprachverhalten ziehen.[8] In diesem Sinne fordern die neuen Medien den Deutschunterricht zu einer konstruktiven Auseinandersetzung mit ihren besonderen Sprachverwendungsweisen heraus, die zugleich auch von kritischem Nachdenken über die bewirkten Veränderungen begleitet sein sollen.[9]

---

[6] Vgl.: Gatterburg, Angela: Aliens im Kinderzimmer. In: DER SPIEGEL 20/2007, S. 51.
[7] Vgl.: Ministerium für Schule und Weiterbildung, Wissenschaft und Forschung des Landes Nordrhein-Westfalen (Hrsg.): Richtlinien und Lehrpläne für die Sekundarstufe II – Gymnasium/ Gesamtschule in Nordrhein- Westfalen. Deutsch. (Heft 4701). Frechen: Ritterbach Verlag, 1999, S. 5.
[8] Ebd., S. 5.
[9] Ebd., S. 25.

Folgende Fragestellungen im Deutschunterricht würden sich daher anbieten. So könnte man zum einen Massenmedien und Bewusstseinsindustrie[10] als Themen vorstellen, wobei den Schülerinnen und Schülern hierbei auch verdeutlicht werden muss, dass man Medien durchaus auch vor einem ideologiekritischen Hintergrund interpretieren sollte.

Aber auch bezüglich unseres konkreten Vorhabens der Einsetzung eines Films im Literaturunterricht, würde sich eine Gegenüberstellung des Sprachgebrauchs im literarischen sowie im audiovisuellen Medium anbieten. Ein didaktisches Ziel wäre hierbei, dass Schülerinnen und Schüler lernen inwieweit Sprache im Text, aber auch im Film einsetzbar ist und zu welchen sprachgedanklichen Veränderungen es hierbei kommen kann.

Neben dem Erwerb von sprachlichen Kompetenzen sehen die Lehrpläne des Faches Deutsch des Weiteren die Entwicklung einer kulturellen Kompetenz vor. Diese kulturelle Kompetenz will Schülerinnen und Schüler zur aktiven Teilnahme am kulturellen Leben befähigen, indem Sprache, Literatur und Medien von ihnen als bedeutsam erfahren werden.[11] Hier hat die neueste Forschung zu Tage gebracht, dass das Gelesene oder Gesehene jedoch nur dann im Gedächtnis haften bleibt, wenn die Rezeption auch von den Schülerinnen und Schülern individuell mit einer Bedeutung versehen wird. Das heißt, dass Medieninhalte ihre Rezipienten erst dann beeinflussen können, wenn diese sie in ihrer Bedeutung rekonstruieren.[12] Medienwirkungen gehen daher nicht von den Medien direkt aus, sondern nur von dem, was als komplexe Handlungserfahrung im Gehirn ankommt und behalten wird. Filme im Unterricht können in diesem Sinne dazu dienen komplexe Handlungserfahrungen für Schülerinnen und Schüler ersichtlich werden zu lassen, was wiederum von den Lehrkräften den Aufbau einer Motivation und eine Verknüpfung mit denen von Schülerinnen und Schülern alltagspraktischen Erfahrungen erfordert.

So sollen Schülerinnen und Schüler im Sinne der kulturellen Kompetenz demnach lernen die in der Öffentlichkeit diskutierten Probleme wahrzunehmen und fortzuführen, vorgetragene Argumentationen nachzuvollziehen sowie in der Lage zu sein hierzu kritisch und wertend

---

[10] Vgl.: Ministerium für Schule und Weiterbildung, Wissenschaft und Forschung des Landes Nordrhein-Westfalen (Hrsg.): Richtlinien und Lehrpläne für die Sekundarstufe II – Gymnasium/ Gesamtschule in Nordrhein- Westfalen. Deutsch. (Heft 4701). Frechen: Ritterbach Verlag, 1999, S. 25.
[11] Ebd., S. 5.
[12] Vgl.: Charlton, Michael: Medienrezeption und Lebensbewältigung. In: Der Deutschunterricht. Hrsg. von Klaus-Michael Bogdal, Eva Neuland, Helmut Schleuer, Peter Schlobinski. Velber: Friedrich Verlag, Heft 3/1997, S. 15.

Stellung zu nehmen.[13] Für Texte und Filme im Literaturunterricht heißt das, ihre Strukturen zu begreifen und sie in ihre Traditionszusammenhänge einordnen zu können.[14]

Als weiteres didaktisches Ziel im Lehrplan der Sekundarstufe II sieht er den Erwerb der ästhetischen Kompetenz vor, dass also Schülerinnen und Schüler in einer analysierenden, interpretierenden und gestaltenden Auseinandersetzung mit künstlerischen, aber auch ästhetischen Erscheinungsformen ihres Alltags Voraussetzungen für eine angemessene ästhetische Rezeption gewinnen.[15] Schülerinnen und Schüler sollen daher „ihre gestalterischen Fähigkeiten im Umgang mit Sprache und sprachlichen Werken weiterentwickeln, sich an kulturellen Projekten beteiligen oder selbst eigene Produktionen vorlegen."[16] Bezüglich der Arbeit mit Filmen im Deutschunterricht würde dies beinhalten, Schülerinnen und Schüler selbst kreativ tätig werden zu lassen, indem sie zum Beispiel in Eigenregie einen Kurzfilm drehen oder aber auch das Filmende in einem kreativen Text umschreiben und somit dem Medium eine andere Bedeutung verleihen.

Die ethische Kompetenz umfasst als weiteres didaktisches Ziel die Auseinandersetzung von Schülerinnen und Schüler mit den Werten und Normen der Gesellschaft. Hierdurch sollen sie lernen ihre eigenen Grundpositionen zu festigen.[17] Denn gerade bei der Besprechung literarischer Werke aus Vergangenheit und Gegenwart im Deutschunterricht, unter ihrer Einbeziehung von Wertvorstellungen fremder Kulturen, sind Schülerinnen und Schüler dazu aufgefordert unterschiedlichen Wertesystemen zu begegnen, die immer auch problematisiert werden können.[18] Hierbei bleibt zu beachten, dass unbedingt angestrebt werden soll, dass die Werte der Schülerinnen und Schüler auf den Prinzipien des demokratisch und sozial verfassten Rechtsstaates beruhen sollen.[19]

Als weiteres und letztes Unterrichtsziel wird in dem Lehrplan des Landes Nordrhein-Westfalen der Erwerb der methodischen Kompetenz genannt. So steht an dieser Stelle die Vertiefung von Methoden zum zielgerichteten, selbstständigen und selbst gesteuerten Arbeiten im Vordergrund.[20] Schülerinnen und Schüler sollen demnach lernen in eigenständiger Weise ihre Lern- und Arbeitsmethoden zu erweitern. In diesem Zusammenhang spielt auch das Lernziel der Medienkompetenz eine Rolle, da hierunter

---

[13] Vgl.: Ministerium für Schule und Weiterbildung, Wissenschaft und Forschung des Landes Nordrhein-Westfalen (Hrsg.): Richtlinien und Lehrpläne für die Sekundarstufe II – Gymnasium/ Gesamtschule in Nordrhein- Westfalen. Deutsch. (Heft 4701). Frechen: Ritterbach Verlag, 1999, S. 5f.
[14] Ebd., S. 6.
[15] Ebd., S. 6.
[16] Ebd., S. 6.
[17] Ebd., S. 6.
[18] Ebd., S. 6.
[19] Ebd., S. 6.
[20] Ebd., S. 6.

kognitive und pragmatische Fähigkeiten fallen, aus den Informationsangeboten jeweils situations- und sachadäquat auswählen zu können.[21] Da Mediennutzung mittlerweile aber auch der Lebensbewältigung von Kindern und Jugendlichen dient,[22] ist die Medienkompetenz insofern ein methodisches Unterrichtsziel, als das auch Anreize gestellt werden Medien sachgerecht für Fragen und Aufgaben, die ihnen der Alltag stellt zu nutzen. In diesem Sinne sollen Schülerinnen und Schüler lernen Medien als nützliche Informationsquelle und als Chance zu begreifen.

3. Fachdidaktische Ansätze des Films in der literarischen Erziehung von Kindern und Jugendlichen bezüglich

3.1 des Sprachlernprozesses

Geht man der Frage nach, ob Medien und hierbei insbesondere das Fernsehen, überhaupt in der Lage sind den Sprachlernprozess von Kindern und Jugendlichen zu beeinflussen, so trifft man auf verschiedene Meinungen. Einige von ihnen sagen den Medien demnach keine Wirkung, andere wiederum negative Wirkungen und wieder andere positive Wirkungen nach.[23]

Die „Kein- Effekt-Vertreter" stellen ihre These, dass Massenmedien auf das Erlernen von Sprache keine oder allenfalls minimale Wirkungen haben, aufgrund ihrer Behauptung auf, dass es nur eine unzureichende visuelle Präsenz von Objekten über die im Medium gesprochen wird gibt.[24] Doch dies trifft nur zum Teil zu angesichts der Tatsache, dass die meisten Gegenstände und Personen auf dem Bildschirm zumindest kurzfristig zu sehen sind.[25] Des Weiteren führen sie an, dass der zu schnelle Wortfluss im Fernsehen häufig nicht mit vertrauten Situationen der Kinder und Jugendlichen assoziiert werden kann. Doch auch dies meinen wieder andere widerlegen zu können, wenn sie unter dem Begriff des „fast mapping" behaupten, „daß Sprachlernende selbst nach einmaligen, schnellen Hören eine Wortbedeutung zumindest ansatzweise verstehen und damit ihr Lexikon sowie den zu Grunde liegenden konzeptuellen Bereich restrukturieren."[26]

---

[21] Vgl.: Meister, Dorothee M., Sander, Uwe: Multimedia in der Schule – Eine Einführung. In: Multimedia. Chancen für die Schule. Hrsg. von Dorothee M. Meister, Uwe Sander. Neuwied, Berlin: Luchterhand, 1999, S. 15.

[22] Vgl.: Charlton, Michael: Medienrezeption und Lebensbewältigung. In: Der Deutschunterricht. Hrsg. von Klaus-Michael Bogdal, Eva Neuland, Helmut Scheuer, Peter Schlobinski. Velber: Friedrich Verlag, Heft 3/1997, S. 10.

[23] Vgl.: Böhme-Dürr, Karin: Einfluß von Medien auf den Sprachlernprozeß. In: Enzyklopädie der Psychologie, Band C/III/3: Sprachentwicklung. Hrsg. von Hannelore Grimm. Göttingen: Hogrefe Verlag für Psychologie, 2000, S. 433.

[24] Ebd., S. 433.

[25] Ebd., S. 437.

[26] Ebd., S. 437.

Als weiteren Punkt führen die „Kein- Effekt-Vertreter" dann noch auf, dass das Fernsehen keine funktionale Interaktions- und Kommunikationsmöglichkeiten bietet und Fernsehzuschauer somit als passive Rezipienten gesehen werden.[27] Gerade für Kinder kritisieren sie hierbei das Fehlen von „Motherese", also die Sprache, die Mütter im Umgang mit ihren Kindern sprechen. [28] Dem wird jedoch entgegengehalten, dass in nicht-kommerziellen Kindersendungen sehr wohl recht langsam gesprochen wird, also „Motherese" gezeigt wird und die Kinder das Gezeigte auch als eine Form der Realität akzeptieren können, auch wenn es nicht ihrer Direktumgebung entspricht.[29]

Selbst Kritiker der „Kein -Effekt-Vertreter" müssen jedoch bestätigen, dass das Fernsehen keine direkten, bestenfalls zeitverzögerten Interaktionsmöglichkeiten bietet. Aber diese Problematik herrscht auch bei anderen Medien, wie dem Buch, der Zeitung oder dem Radio vor. Daher ist es generell wichtig fürs Lernen, dass ein direktes, entwicklungsadäquates Feedback gegeben wird.[30] Denn es steht fest, dass Sprache nicht einfach durch die Imitation des Gehörten erworben wird.[31]

Die „Negativ-Effekt-Vertreter" gehen davon aus, dass ein hoher Fernsehkonsum den Sprachlernprozess beeinflusst, weil das Fernsehen die Zeit stiehlt für etwaige Gespräche mit Bezugspersonen.[32] Sie behaupten des Weiteren, dass gerade schlechte Medienbeispiele von Kindern und Jugendlichen imitiert werden. Daher sagen sie, „daß durch Medien eine andere Sprache gelernt wird, nämlich eine, die von dem idealtypischen Vorbild der Direktkommunikation abweicht."[33] Dem setzen die „Positiv- Effekt-Vertreter" gegenüber, dass von Kindern und Jugendlichen aber auch die Sprache aus guten Filmen übernommen werden kann. Daher ist es wiederum wichtig Kinder und Jugendliche zu einem verantwortungsvollen Medienumgang zu erziehen.

Bei der Theorie der „Positiv- Effekt- Vertreter" bleibt allerdings festzuhalten, dass für das Sprechen lernen der bloße Kontakt mit dem Fernsehapparat nicht ausreicht, sondern es hierzu auch noch des direkten Umgangs mit den Eltern oder anderen Bezugspersonen bedarf.[34] Diese Einsicht unterstreicht auch bei der Einsetzung des Films im Unterricht die Notwendigkeit der Vor- und Nachbearbeitung durch Lehrerinnen und Lehrer.

---

[27] Vgl.: Böhme-Dürr, Karin: Einfluß von Medien auf den Sprachlernprozeß. In: Enzyklopädie der Psychologie, Band C/III/3: Sprachentwicklung. Hrsg. von Hannelore Grimm. Göttingen: Hogrefe Verlag für Psychologie, 2000, S. 434.
[28] Ebd., S. 434.
[29] Ebd., S. 438.
[30] Ebd., S. 438f.
[31] Ebd., S. 439.
[32] Ebd., S. 435.
[33] Ebd., S. 435f.
[34] Ebd., S. 436.

Generell ist für den Sprachlernprozess von Kindern und Jugendlichen zu sagen, dass dieser durch die Aufgaben der Sprecherziehung im Lehrplan des schulischen Unterrichtes fest verankert ist. Demnach sollen Schülerinnen und Schüler die phonetischen Grundlagen des Sprechens erlernen, das heißt die Beherrschung der eigenen Atmung-, Stimm- und Lautbildung, sowie der Hochlautung und ihrer verschiedenen Stufen.[35] Des Weiteren sollen ihnen die unterschiedlichen Formen freier Rede sowie Gesprächsformen und Gesprächsführung nahe gebracht werden.[36] Im Rahmen des nachgestaltenden Sprechens sollen Schülerinnen und Schüler einen umfassenden Begriff vom sinnfassendem Lesen und sprechgestaltender Interpretation von Dichtung bekommen.[37] Sie sollen weiter Sprach-, Sprech- Stimmstörungen, organischer, funktioneller und psychogener Art erkennen.[38]

Demnach geht es der schulischen Sprecherziehung nun darum, „dem Menschen zu helfen, daß er in den verschiedenen Situationen mit anderen sprechen kann, also um seine Selbstverwirklichung in der gegenwärtigen Gesellschaft."[39]

In diesem Sinne würde man den Sprachlernprozess der Schülerinnen und Schüler bei der Einsetzung eines Films im Literaturunterricht fördern, wenn beispielsweise als didaktisches Ziel angestrebt wird eine Diskussion über die Schülermeinungen bezüglich dieses Mediums zu erreichen. Hierbei würden sich die Fragen eignen wie das Medium individuell zu betrachten und zu bewerten ist und wie diese Ansicht begründet werden kann, beziehungsweise wie man seine individuelle Meinung vor den Mitschülern plausibel darstellen könnte.

Fachdidaktische Ansätze des Films in der literarischen Erziehung von Kindern und Jugendlichen bezüglich

3.2 der Kommunikationsfähigkeit

Die Unterrichtsempfehlungen in Nordrhein-Westfalen setzen bezüglich der Kommunikationsfähigkeit voraus, dass der Deutschunterricht im Gymnasium die sprachliche Kommunikationsfähigkeit des heranwachsenden jungen Menschen entwickeln und erweitern helfen soll, „damit der Einzelne sich in einer demokratischen, sich ständig verändernden Gesellschaft als autonomes und zur Mitbestimmung fähiges Individuum behaupten und

---

[35] Vgl.: Wächtershäuser, Gabriele: Die AVM in der Sprecherziehung. In: Die audio-visuellen Mittler im Deutschunterricht. Ein Handbuch für Lehrer und Erzieher. Hrsg. von Ernst Meyer und Ewald Fr. Rother. München: E. Keimer Verlag, 1971, S. 43.
[36] Ebd., S. 43.
[37] Ebd., S. 43.
[38] Ebd., S. 44.
[39] Ebd., S. 44.

bewähren kann."[40] Offensichtlich ist bei dieser Empfehlung, dass sie im Wesentlichen allgemein gehalten ist, eine Thematisierung der gesellschaftlichen Situation ebenso vermieden wird wie die Verbindung von Sprachbarrieren und sozialen Unterschieden.[41] Dennoch werden hier mit dem Begriff der Kommunikationsfähigkeit die zentralen Postulate der Befähigung zur demokratischen Teilhabe und die Orientierung an realen Lebenssituationen verbunden.[42] Kommunikationsfähigkeit lässt sich daher als „die Fähigkeit zusammenfassen, eine Sprache zu sprechen sowie Äußerungen unter situativen Bedingungen zu planen und auszuformulieren bzw. zu verstehen."[43] Schlotthaus unterstreicht bei dem Begriff der Kommunikationsfähigkeit insbesondere „die En- bzw. Dekodierungsfähigkeit der in gesellschaftlichen Kommunikationssituationen vorrangig erforderlichen und benötigten sprachlichen Selektionsmuster."[44] Denn gerade in der gesellschaftlichen Bedeutung der Massenkommunikation wird die generelle Dekodierungsfähigkeit, und hier wiederum vorrangig die audiovisuelle und akustische Rezeptionsfähigkeit mehr zu stärken sein als die Lesefähigkeit, da so Schlotthaus weiter, das Massenpublikum dem interferierenden Medienverbund von Bild und Sprache gleichsam analphabetisch gegenüberstehe.[45]

Wenn nun in den Richtlinien die Kommunikationsfähigkeit als Lernziel übernommen wird, wird vom Deutschunterricht verlangt, dass dieser durch Anknüpfung an reale Erfahrungen den Schülerinnen und Schülern die Möglichkeit bietet zur spontanen Artikulation ihrer eigenen Erfahrungen und Interessen.[46] Durch die Fähigkeit der Reflexion sollen Schülerinnen und Schüler zudem ein differenziertes Sprechen und Schreiben erlernen.[47] Anknüpfend an den Literaturunterricht und den Umgang mit Texten wird ausgehend von der vielfältigen Bedeutung von Texten aller Art für die Lebenssituation der Schülerinnen und Schüler, das allgemeine Lernziel der Befähigung zum reflektierten Umgang mit Texten formuliert.[48]

Fernsehen im Sinne eines produktionsorientierten Unterrichtes zu nutzen bedeutet daher durch dieses Medium die Kluft zwischen der kommunikativen Lebenswirklichkeit der

---

[40] Vgl.: Gräbe, Ronald: Fernsehen im Deutschunterricht. Emanzipatorischer Mediengebrauch? Opladen: Leske und Budrich, 1980, S. 11.

[41] Ebd., S. 11.

[42] Ebd., S. 11.

[43] Vgl.: Ingendahl, Werner: Vom Erlernen einer „Medienkompetenz" im Deutschunterricht. In: Deutschunterricht zwischen Kompetenzerwerb und Persönlichkeitsbildung. Hrsg. von Hansjörg Witte u.a. Hohengehren: Schneider- Verlag, 2000, S. 53.

[44] Vgl.: Gräbe, Ronald: Fernsehen im Deutschunterricht. Emanzipatorischer Mediengebrauch? Opladen: Leske und Budrich, 1980, S. 18.

[45] Vgl.: Minte-König, Bianka: Fernsehen und Video im Deutschunterricht. Zur Didaktik audiovisueller Rezeptions- und Produktionsmedien. München: Wilhelm Finke Verlag, 1980, S. 13.

[46] Vgl.: Gräbe, Ronald: Fernsehen im Deutschunterricht. Emanzipatorischer Mediengebrauch? Opladen: Leske und Budrich, 1980, S. 17.

[47] Ebd., S. 17.

[48] Ebd., S. 17.

Schülerinnen und Schüler und dem Deutschunterricht zu schließen. Zu diesem Zweck sollen Schülerinnen und Schüler das Fernsehen und den Film als Interpretation und Einordnung in sprachliche, kulturelle, ökonomische, politische, soziologische und psychologische Zusammenhänge begreifen und über Beeinflussungen und Manipulationsmechanismen aufgeklärt werden mit dem Ziel eines situationsangemessenen Sprachhandelns.[49]

Als Medienbenutzer sollen Schülerinnen und Schüler zu autonomen und kompetenten Handeln im Kommunikationsbereich qualifiziert werden, ohne dabei allerdings nur ihre Rezeptionsfähigkeit zu sensibilisieren, sondern sie auch anzuregen als Kommunikationspartner tätig zu werden.[50]

Im Rahmen des Einsatzes von Filmen in der literarischen Erziehung von Kindern und Jugendlichen ist es daher als didaktisches Ziel ganz wichtig die Schülerinnen und Schülern zu befähigen den Film als Medium der Informations- und Meinungsvermittlung zu entschlüsseln.[51] Hierzu können zum einen Zusammenhänge von Kommunikation auf verschiedenen Ebenen angesprochen werden. Mögliche Themen für den Unterricht fingen dann an bei einer einfachen Inhaltsangabe des Films, Spekulationen über dessen weiteren Verlauf, der Aussage des Films, bis hin zu relevanten Kontexten des alltäglichen Lebens der Schülerinnen und Schüler, die im Film angesprochen werden sowie der möglichen Manipulation der Rezipienten durch die Medienindustrie.

Zudem tritt als weiteres fachdidaktisches Ziel die Analyse der am Massenkommunikationsprozess beteiligten Instanzen in den Vordergrund.[52] Dies wäre beispielsweise zu erreichen, wenn man im Rahmen einer Literaturverfilmung die Filmsprache mit der Textsprache gegenüberstellt.

Doch der Erwerb der von Schülerinnen und Schülern zu erstrebenden Kommunikationsfähigkeit setzt wohl als oberste Maxime voraus, dass die Schülerinnen und Schüler vor allem befähigt werden sollen Wertungsfragen kompetent zu beantworten. So sollte der fachdidaktische Ansatz die Schülerinnen und Schüler die eigenen Sicht und Meinung[53] des im Unterricht gezeigten Films zu artikulieren, unbedingt von den Lehrerinnen und Lehrern durchgesetzt werden, um die Schülerinnen und Schüler an eine umfassende Kommunikationskompetenz heranzuführen.

---

[49] Vgl.: Minte-König, Bianka: Fernsehen und Video im Deutschunterricht. Zur Didaktik audiovisueller Rezeptions- und Produktionsmedien. München: Wilhelm Finke Verlag, 1980, S. 15.
[50] Ebd., S. 16.
[51] Ebd., S. 60.
[52] Ebd., S. 61.
[53] Ebd., S. 62.

Fachdidaktische Ansätze des Films in der literarischen Erziehung von Kindern und Jugendlichen bezüglich

3.3 des Erwerbs von Medienkompetenzen

Wie bereits erwähnt wurde[54], versteht man unter Medienkompetenz die „Entwicklung kognitiver und pragmatischer Fähigkeiten, aus den Informationsangeboten jeweils situations- und sachadäquat auswählen zu können."[55] Bei dem Umgang mit Medien soll demnach nicht die Technik dominieren, sondern die Ausbildung der Kompetenz von Schülerinnen und Schülern Medien für Informations- und Lernprozesse nutzen zu können.[56]

Zu diesem Zweck stellt die Einbindung des Films in den literarischen Unterricht eine rationale Vergewisserung des im alltäglichen Normalfall flüchtig und emotional bleibenden Filmerlebnisses von Schülerinnen und Schülern da.[57] Der Film soll den Schülerinnen und Schüler demnach helfen zur Ausbildung der Sensibilisierung der eigenen Wahrnehmungsfähigkeit, der Geschmacksbildung, der Steigerung des Spaßes und Genusses bei der Rezeption von gut gemachten Filmen und schließlich einer besseren Einschätzung von medialen Prozessen im Allgemeinen.[58]

Die Basisqualifikationen der Medienkompetenz sind unterteilt in vier Bereiche. In dem ersten Bereich des lebenspraktischen, verständigungsorientierten Lernens geht es im Allgemeinen darum mit den neuen Bild- und Tonmedien umgehen zu können. Des Weiteren sollen interaktive Umgangsformen insbesondere mit dem Medium des Internets ausprobiert werden und auch eigene Medienerzeugnisse von Schülerinnen und Schülern produziert werden.[59] Berücksichtigt man dies bezüglich des Filmeinsatzes im Literaturunterricht so könnte man Schülerinnen und Schülern die Aufgabe stellen Informationen über den Film durch Bilder, Texte oder Plakate zusammenzustellen. Auch wäre es möglich Schülerinnen und Schüler Szenen des Filmes verändern zu lassen, um so der Frage nachzugehen, ob der Film dann

---

[54] Vgl.: Punkt 2 dieser Arbeit: Zielsetzung von Filmen im Lehrplan der gymnasialen Oberstufe des Bundeslandes Nordrhein-Westfalen

[55] Vgl.: Meister, Dorothee M., Sander, Uwe: Multimedia in der Schule – Eine Einführung. In: Multimedia. Chancen für die Schule. Hrsg. von Dorothee M. Meister, Uwe Sander. Neuwied, Berlin: Luchterhand, 1999, S. 15.

[56] Ebd., S. 15.

[57] Vgl.: Rußegger, Arno: Nulla dies sine kinema. Eine kleine Einführung in die Filmanalyse in sechs Abschnitten. In: Informationen zur Deutschdidaktik (ide). Zeitschrift für den Deutschunterricht in Wissenschaft und Schule. Film im Deutschunterricht. Hrsg. von Werner Wintersteiner. Innsbruck, Wien, München, Bozen: Studien Verlag, Heft 4/2003, S. 18.

[58] Ebd., S. 18.

[59] Vgl.: Ingendahl, Werner: Vom Erlernen einer „Medienkompetenz" im Deutschunterricht. In: Deutschunterricht zwischen Kompetenzerwerb und Persönlichkeitsbildung. Hrsg. von Hansjörg Witte u.a. Hohengehren: Schneider- Verlag, 2000, S. 59f.

überhaupt noch Sinn macht. In diesem Sinne würde es sich dann anschließen die Szenenkombination des Filmes von Schülerinnen und Schülern analysieren zu lassen.

Auch wäre es sinnvoll den Schülerinnen und Schülern die Aufgabe zu stellen den Film aus verschiedenen Positionen heraus zu bewerten und zu reflektieren warum der Film aus der jeweiligen Perspektive heraus nur in einer bestimmten Art und Weise bewertet werden kann.

Der zweite Aufgabenbereich der Qualifikationen der Medienkompetenz umfasst das theoretische Lernen. So sollen Schülerinnen und Schüler Kenntnisse über die neuen Medien sowie über deren Zusammenhänge im Produktionsbereich und deren medienspezifischen Produktionsmittel aus verschiedenen Quellen erarbeiten. Des Weiteren sollen sie die Medieninhalte auf ihre Wirklichkeit einschätzen können, sie auf leitende Deutungssysteme hin analysieren und die besondere Komplexität filmischer Wahrnehmungs- und Darstellungsweisen durchschauen und nutzen.[60] Bezüglich des konkreten Filmeinsatzes im Unterricht würde sich daher anbieten das Medium auf sein Genre hin zu untersuchen. Die Schülerinnen und Schüler sollen demnach erkennen können, ob es sich um eine Fiktion, eine Dokumentation, eine populärwissenschaftliche Vereinfachung, eine Polemik, eine parteiische Erklärung oder um sonstiges handelt. Auch ist es interessant den Wirklichkeitsgehalt des Films von Schülerinnen und Schülern prüfen zu lassen. Sie sollen also ausmachen, ob es sich hierbei überhaupt um Wirklichkeit handelt und wie diese dann dargestellt wird.

Im dritten Bereich der Basisqualifikationen von Medienkompetenzen geht es um das ethisch-politische Lernen. Hierbei sollen Schülerinnen und Schüler lernen die Medienereignisse auf ihren spezifischen Zweck hin auszuwählen, Ideologiekritik zu üben aufgrund der theoretischen und ästhetischen Auseinandersetzung, sowie die Bewertungsmaßstäbe aus verschiedenen Positionen heraus zu reflektieren und eigene Urteile authentisch zu entwickeln und zu vertreten.[61] Konkret könnte man den Schülerinnen und Schülern daher die Aufgaben stellen das Medium zu bewerten, es aus unterschiedlichen Perspektiven zu reflektieren und eine generelle Diskussion über das vorliegende Medium anzuregen.

Der vierte Bereich der Medienkompetenzen umfasst das ästhetische Lernen von Schülerinnen und Schülern. So sollen diese lernen ihre sinnlichen Wahrnehmungsmöglichkeiten zu entfalten, in dem sie zum Beispiel Szenen nachspielen und diese auch verändern oder aber auch die weitere Filmhandlung voraussagen.[62] Des Weiteren müssen sie damit umgehen können Fremdheiten auszuhalten, das heißt den Film nicht einfach ausschalten, sondern sich

---

[60] Vgl.: Ingendahl, Werner: Vom Erlernen einer „Medienkompetenz" im Deutschunterricht. In: Deutschunterricht zwischen Kompetenzerwerb und Persönlichkeitsbildung. Hrsg. von Hansjörg Witte u.a. Hohengehren: Schneider- Verlag, 2000, S. 60.
[61] Ebd., S. 60f.
[62] Ebd., S. 61.

11

zu fragen was genau daran jetzt unangenehm wirkt.[63] Auch sollen sie neue Denk- und Handlungsmuster spielerisch erproben. Also wahrgenommene Handlungsmuster in Spielszenen darstellen oder aber auch eine Gegengeschichte zum Film verfassen.[64]

Aufgrund dieser vielfältigen Möglichkeiten kann man daher für den Erwerb von Medienkompetenzen und Kompetenzen im Allgemeinen festhalten, dass hierdurch individuelle Verständnisse dessen zum Vorschein kommen, über die nach unserer Meinung wichtigen Fähigkeiten über die ein Mensch verfügen sollte, um unseren eigenen vollkommenen Menschenbild gerecht zu werden. Die Frage nach dem Kompetenzbegriff setzt sich demnach auch immer aus der Frage zusammen in welchen entsprechenden Fähigkeiten wir unser Menschenbild umsetzen. Da eine Kompetenz demnach immer individuell empfunden wird, gibt es auch individuelle und unterschiedliche Kompetenzauffassungen. Die Lernforschung hilft uns jedoch dabei, in dem sie Wege erkennen lässt, die zur Umsetzung einer Kompetenz führen könnte.[65]

4. Voraussetzungen und Bedingungen für die Arbeit mit Filmen im Literaturunterricht

Sicherlich ist das oberste Lernziel, dass Schülerinnen und Schüler zu einem praktischen, verantworteten und kritischen Umgang mit Medien befähigt werden berechtigt, wenn man sich die Rolle vergegenwärtigt, die Medien heute in Gesellschaft und Öffentlichkeit spielen.[66] Doch für die Unterrichtspraxis sowie die Voraussetzungen und Bedingungen für die Arbeit mit Filmen in der Schule stellt sich die Frage, welche Rollen und welche Funktionen dieser Art von Medien im Lehr- und Lernprozess des Deutschunterrichtes überhaupt übernehmen können.

In dem Lehrplan des Faches Deutsch für die Sekundarstufe II an Gymnasien und Gesamtschulen des Landes Nordrhein- Westfalen aus dem Jahre 1999 ist diesbezüglich vermerkt, dass es nötig ist die Kenntnisse und Fertigkeiten im Umgang mit audiovisuellen Medien zu fördern, deren ästhetische und kommunikative Angebote produktiv einzusetzen sowie Chancen und Gefahren der Medienwirkung zu bedenken[67], um diese effektiv für den

---

[63] Vgl.: Ingendahl, Werner: Vom Erlernen einer „Medienkompetenz" im Deutschunterricht. In: Deutschunterricht zwischen Kompetenzerwerb und Persönlichkeitsbildung. Hrsg. von Hansjörg Witte u.a. Hohengehren: Schneider- Verlag, 2000, S. 61.

[64] Ebd., S. 61.

[65] Ebd., S. 67.

[66] Vgl.: Foldenauer, Karl: Medien, Sprache und Literatur im Deutschunterricht. Braunschweig: Westermann, 1980, S. 19.

[67] Ebd., S. 20.

Unterricht nutzbar machen zu können. Die besondere Rolle und Funktion von Filmen im Unterricht liegt hierbei auf dem Funktionszusammenhang von Sprache, Bild und Musik.[68]

Denn Filmsprache wird deswegen eine immense Wichtigkeit zugesprochen, weil sie das metasprachliche Werkzeug[69] innerhalb einer audiovisuellen künstlerischen Darstellung ist. Ihr Zweck, wie Wolfgang Schorkhauer es feststellte, „ist die Schärfung und Differenzierung der Wahrnehmung, ihre Funktion die Bereitstellung begrifflicher und kategorialer Grundlagen, damit inhaltliche Fragen adäquat diskutiert und Phänomene audiovisueller Texte besser wahrgenommen werden können."[70] Bild und Musik bilden dann zusammen mit der Filmsprache ein zusammenhängendes Gesamtkonzept, das es gilt den Schülerinnen und Schülern genauer zu erläutern. Hierbei ist es gerade im Literaturunterricht maßgeblich das Medium Film mit dem Medium Text gegenüberzustellen und die jeweiligen komplementären Darstellungsweisen den Schülerinnen und Schülern nahe zu bringen.

Man kann also bezüglich der möglichen Rollen und Funktionen von Medien im schulischen Unterricht festhalten, dass deren Einsatz nur dann sinnvoll sein kann, „wenn er zur Unterstützung sozialer Lernprozesse und nicht als deren Ersatz"[71] verstanden wird. Hierbei bleibt jedoch zu bemerken, dass weder ein vermehrter Medieneinsatz alleine eine Verbesserung der Lehre darstellt, noch dass der Begriff der Medienkompetenz auf eine bloße Technikkompetenz reduziert werden soll.[72] Stattdessen sollen Medien als ein wesentliches Moment von Lern- und Lehrprozessen an den sozialen Aspekt geknüpft sein. So können sie zum Beispiel in der „externen Organisation von Informationsbeständen und in der Organisation der Lernumgebung"[73] hilfreich sein.

Damit sich allerdings Medienerziehung effektiv entfalten kann ist es notwendig, dass man es nicht nur bei einem Unterrichtsprojekt dieser Art belässt, sondern über alle Jahrgangsstufen hinweg systematisch solche Vorhaben vorbringt.[74]

---

[68] Vgl.: Ministerium für Schule und Weiterbildung, Wissenschaft und Forschung des Landes Nordrhein-Westfalen (Hrsg.): Richtlinien und Lehrpläne für die Sekundarstufe II – Gymnasium/ Gesamtschule in Nordrhein- Westfalen. Deutsch. (Heft 4701). Frechen: Ritterbach Verlag, 1999, S. 20.

[69] Vgl.: Schörkhuber, Wolfgang: Film im Deutschunterricht- Literaturtransporteur, Filmanalyse oder was? In: Informationen zur Deutschdidaktik (ide). Zeitschrift für den Deutschunterricht in Wissenschaft und Schule. Film im Deutschunterricht. Hrsg. von Werner Wintersteiner. Innsbruck, Wien, München, Bozen: Studien Verlag, Heft 4/2003, S. 11.

[70] Ebd., S. 11.

[71] Vgl.: Mattusch, Uwe: Die Bedeutung der neuen Medien für den Lehr- und Lernprozeß. In: Neue Medien-Edutainment – Medienkompetenz. Deutschunterricht im Wandel. Hrsg. von Hans Dieter Erlinger. München: KoPäd Verlag, 1997, S. 121.

[72] Ebd., S. 122.

[73] Ebd., S. 122.

[74] Vgl.: Gräbe, Ronald: Fernsehen im Deutschunterricht. Emanzipatorischer Mediengebrauch? Opladen: Leske und Budrich, 1980, S. 83.

5. Vorurteile und Probleme des Mediums Film im Literaturunterricht

„Bücher lesen ist anstrengender als Fernsehen, weil man zum Lesen nachdenken muss. Filme versteht dagegen schon jedes Kind. Sie verführen zur Passivität, weil sie sich von selbst erklären.“[75] So lautet ein weit verbreitetes Vorurteil und auch ein Problem von Lehrerinnen und Lehrern, wenn sie Filme im Unterricht einsetzen wollen. Denn oft sehen sie sich der Tatsache ausgesetzt, dass Schülerinnen und Schüler den Filmeinsatz im Unterricht fürs persönliche Amüsement nutzen und dabei oftmals kognitive Fähigkeiten außen vor bleiben.

Dieser Punkt des Rezeptionshandelns von Medien seitens der Schülerinnen und Schülern scheint generell problematisch. Denn es herrscht eine weitgehend bewusstlose Aneignung der in den Massenmedien verarbeiteten Erfahrungen vor, die im Großen und Ganzen meist ohne Reflex auf das eigene Handeln und den eigenen Lebenszusammenhängen von Schülerinnen und Schülern bleibt.[76] Doch das wiederum macht gerade den schulischen Fernsehunterricht notwendig, um Schülerinnen und Schüler durch eine gründliche Vor- und Nachbearbeitung des Films bewusst zu machen, dass kognitive Aufmerksamkeit bei der Filmrezeption gefordert wird, um Medienerfahrung in Handlungswissen zu transformieren, das im Lebenszusammenhang von Schülerinnen und Schülern durchaus wirksam werden kann.[77]

Die weitere Annahme, dass durch Fernsehen Bücher verdrängt werden, kann entgegnet werden, dass die Medienpädagogik wie literarische Texte auch, den Schülerinnen und Schülern eine Hilfe bieten soll, kulturelle Kompetenz zu erwerben.[78] Denn gerade in unserer heutigen Mediengesellschaft wird der fachgerechte Umgang mit einer Fülle von Informationen umgehen zu können, immer essentieller. Demgegenüber kann man sich als Lehrer heutzutage nicht mehr verwehren, dass Kinder und Jugendliche sich bereits eine Verfahrensweise sei diese nun positiv oder negativ zu bewerten, um mit Medien umzugehen erworben haben. Ein mögliches Problem von Medien, dass diese im gesellschaftlichen Zusammenhang zur Verbreitung von Ideologien missbraucht werden können,[79] gilt es nun auch den Schülerinnen und Schülern bewusst zu machen. Zu diesem Zweck entwickelte sich erstmals Ende der sechziger Jahre die Vorstellung Kinder und Jugendliche zu befähigen, „Medien und ihre gesellschaftlichen Bedingungen ideologiekritisch zu analysieren und durch

---

[75] Vgl.: Charlton, Michael: Medienrezeption und Lebensbewältigung. In: Der Deutschunterricht. Hrsg. von Klaus-Michael Bogdal, Eva Neuland, Helmut Schleuer, Peter Schlobinski. Velber: Friedrich Verlag, Heft 3/1997, S. 14.

[76] Vgl.: Minte-König, Bianka: Fernsehen und Video im Deutschunterricht. Zur Didaktik audiovisueller Rezeptions- und Produktionsmedien. München: Wilhelm Finke Verlag, 1980, S. 192.

[77] Ebd., S. 192.

[78] Vgl.: Gast, Wolfgang: Medienpädagogik, Medienkompetenz, Fachdidaktik. In: Praxis Deutsch. Zeitschrift für den Deutschunterricht. Velber, Seelze: Friedrich Verlag, Heft 140/1996, S. 10.

[79] Vgl.: Tulodziecki, Gerhard: Medienerziehung als Aufgabe des Deutschunterrichts. In: Neue Medien-Edutainment – Medienkompetenz. Deutschunterricht im Wandel. Hrsg. von Hans Dieter Erlinger. München: KoPäd Verlag, 1997, S. 41.

alternative Medienproduktionen Öffentlichkeit für eigene Interessen und Bedürfnisse herzustellen."[80]

Gegen das Vorurteil, dass Filme zur Passivität verleiten, da sie sich selbst erklären, ist zu argumentieren, dass es zwar stimme, dass gerade Handlungsdarstellungen von Kindern verstanden werden, noch bevor sie konventionelle Zeichensysteme, wie die Schriftsprache beherrschen,[81] es jedoch noch ein weiter Weg ist bis von Kindern Mediengeschichten so aufgenommen werden können wie von Erwachsenen.[82] Aus der Tatsache, dass einfachste Handlungsdarstellungen „von jedem Kind" verstanden werden, lässt daher nicht den Schluss zu, dass sich weder bildliche noch filmische Darstellungen quasi jedem Zuschauer von selbst erschlössen.[83] Daher ist es nötig Medien im Unterricht einzuführen und Schülerinnen und Schüler an einen produktionsorientierten Umgang mit diesen heranzuführen.

Im Zusammenhang der Passivität des Fernsehrezipienten lässt sich auch ein Reizdefizit ansprechen. Denn dieses besteht nicht darin, dass das Medium Fernsehen zu wenig visuelle Anregung bietet, sondern darin dass man nichts ertasten, greifen, riechen und schmecken kann.[84] Dies macht das Medium Fernsehen gerade für Babys problematisch, da diese in ihren ersten Lebensmonaten auf körperliche, olfaktorische und gustatorische Stimuli angewiesen sind.[85]

Dem durch aktuelle Vorkommnisse weit verbreitetem Vorurteil, dass Medien Gewalt bei Jugendlichen verherrlichen und Einfluss nehmen würden auf deren Aggressionspotenzial, kann dem hingehend entgegengewirkt werden, dass es wohl nur einen sehr schwachen Zusammenhang zwischen dem Konsum von Mediengewalt und Gewaltbereitschaft im Alltag insbesondere bei Problemgruppen von Jugendlichen gibt.[86] Oftmals ist es wohl so, dass gerade gewaltbereite Jugendliche nicht durch Medien „manipuliert" oder „infiziert" werden, sondern sie gezielt nach Antworten auf ihre von ihnen selbst als bedrohlich und gewalttätig

---

[80] Vgl.: Tulodziecki, Gerhard: Medienerziehung als Aufgabe des Deutschunterrichts. In: Neue Medien-Edutainment – Medienkompetenz. Deutschunterricht im Wandel. Hrsg. von Hans Dieter Erlinger. München: KoPäd Verlag, 1997, S. 41f.

[81] Vgl.: Charlton, Michael: Medienrezeption und Lebensbewältigung. In: Der Deutschunterricht. Hrsg. von Klaus-Michael Bogdal, Eva Neuland, Helmut Schleuer, Peter Schlobinski. Velber: Friedrich Verlag, Heft 3/1997, S. 14.

[82] Ebd., S. 14.

[83] Ebd., S. 15.

[84] Vgl.: Böhme-Dürr, Karin: Einfluß von Medien auf den Sprachlernprozeß. In: Enzyklopädie der Psychologie, Band C/III/3: Sprachentwicklung. Hrsg. von Hannelore Grimm. Göttingen: Hogrefe Verlag für Psychologie, 2000, S. 437.

[85] Ebd., S. 437.

[86] Vgl.: Charlton, Michael: Medienrezeption und Lebensbewältigung. In: Der Deutschunterricht. Hrsg. von Klaus-Michael Bogdal, Eva Neuland, Helmut Schleuer, Peter Schlobinski. Velber: Friedrich Verlag, Heft 3/1997, S. 16.

wahrgenommene Lebenssituation in den Medienangeboten suchen.[87] Doch gerade diesem negativen Nutzen von Medienangeboten muss die Schule entgegenwirken, indem sie den Schülerinnen und Schülern Kompetenzen im Umgang mit Medien vermittelt und lehrt die Angebote der Informationsgesellschaft verantwortlich zu nutzen.[88]

6. Konkretisierung am Unterrichtsbeispiel des Einsatzes des Films „Das Parfum" von Patrick Süskind in der gymnasialen Oberstufe

Da Forschungsberichte zeigen, dass Kinder und Jugendliche angesichts des Überangebots von Medien, inzwischen schon mit einer früh entwickelten Distanzierungsfähigkeit darauf antworten, ist man zu dem Schluss gekommen, dass Fernsehkonsum meist nur noch im Sinne eines beiläufigen Sehens stattfindet.[89] Weiter heißt das, dass die Aufmerksamkeit der Kinder und Jugendlichen nur punktuell auf die jeweils fesselnden Momente gerichtet sind.[90]

In Anbetracht dessen und angesichts der mangelnden Unterrichtszeit des Faches Deutsch halte ich es für effizienter bezüglich des Lernprozesses der Schülerinnen und Schüler lediglich drei Szenensequenzen aus dem Film „Das Parfum" zu betrachten. Hierbei handelt es sich zum einen um die Anfangssequenz von Jean-Baptiste Grenouilles Geburt, um dadurch erste Eindrücke gewinnen zu können. Des Weiteren sollen den Schülerinnen und Schülern die Szene des ersten Mordes, sowie die Szene von Grenouilles Rückzug und Aufenthalt in der Höhle im Zentralmassiv präsentiert werden. Durch diese beiden Szenen, die zugleich fundamentale Wichtigkeit bezüglich der Entwicklung des Protagonisten tragen, soll eine Gegenüberstellung und eine Analyse der Genese des Mörders Grenouille ermöglicht werden.

6. 1 Mögliche Unterrichtsschwerpunkte zur Geburt des Jean-Baptiste Grenouille

Um zunächst einen Überblick über die Szene der Geburt Grenouilles zu gewinnen, soll das folgende Szenenprotokoll zunächst inhaltliche sowie analytisch bedeutende Merkmale aufzeigen.

---

[87] Vgl.: Charlton, Michael: Medienrezeption und Lebensbewältigung. In: Der Deutschunterricht. Hrsg. von Klaus-Michael Bogdal, Eva Neuland, Helmut Schleuer, Peter Schlobinski. Velber: Friedrich Verlag, Heft 3/1997, S. 16.

[88] Ebd., S. 17.

[89] Vgl.: Hurrelmann, Bettina: Wer erzählt all die Geschichten? Gedanken zum Wandel unserer narrativen Umwelt. In: Neue Sammlung. Vierteljahres- Zeitschrift für Erziehung und Gesellschaft. Hrsg. von Hartmut von Hentig. Seelze-Velber: Friedrich Verlag, 2001, S. 64.

[90] Ebd., S. 64.

Szene/Zeit	Inhalt	Auffälligkeiten
# 1. Filmstart Zeit: 0:00:1 bis 0:06:35	Grenouille ist zu Beginn des Films im Kerker. Von mehreren Wachen wird er schließlich geholt und auf einen Balkon geschleift. Das aufgebrachte Volk, das zu den Wachen hinauf ruft, fordert Grenouilles Tod. Daraufhin wird das Urteil verkündet, das besagt, dass Grenouille auf ein hölzernes Kreuz gespannt werden soll und ihn dann zwölf Schläge mit einer eisernen Stange zugefügt werden sollen, die ihm die Gelenke zerschmettern. Anschließend soll er am Kreuz hängen bleiben bis der Tod eintritt. Nach dieser Verkündigung fährt die Kamera in Nahaufnahme auf Grenouilles Gesicht. Es erfolgt eine Rückschau und die Person Grenouilles wird den Zuschauern vorgestellt, in dem durch einen Erzähler die Einleitung aus Süskinds gleichnamigem Roman vorgelesen wird. Der Vorspann und die Einblendung des Filmtitels folgen. Ein Ortswechsel findet statt, der wieder durch den Erzähler eingeleitet wird. Der Zuschauer befindet sich nun auf dem Pariser Fischmarkt. Man sieht Grenouilles Mutter, die ihn unter ihrem Fischstand zur Welt bringt. Schnell wird er nach der Geburt von ihrem Fuß weiter unter den Stand zu den Fischabfällen geschoben. Ein weiterer Erzählerkommentar bemerkt, dass sie unter diesen Umständen schon weitere fünf Kinder zur Welt gebracht hatte, die allerdings	Zu Beginn des Films wird dem Zuschauer ein dunkles Bild geboten. Das Gesicht Grenouilles wird erkennbar, wobei der Fokus auf seiner Nase liegt. Diese Art der Fokussierung der Nase, um Grenouilles olfaktorische Gabe in den Vordergrund zu stellen, wird erneut bei der Rückschau verwendet, als der Protagonist vorgestellt wird. Auch bei dem Neugeborenen wird die Fokussierung der Nase zweimal als Mittel eingesetzt. Im Gegensatz zum Buch arbeitet der Film mit einer Rückschau. Er lässt den Zuschauer daher schon ganz zu Anfang wissen, dass gegen Grenouille der Prozess gemacht wurde. Auffällig ist, dass der Film mit der Einsetzung der Rückschau häufig mit Erzählerkommentaren arbeitet.

	alle Todgeburten oder fast Todgeburten waren. Am Abend wurden sie dann alle mit den Fischresten entsorgt. Die Kamera schwenkt auf das Neugeborene. Auch hier liegt der Fokus wieder auf der Nase. Der Film versucht nun den bereits vom Erzähler erwähnten Gestank des Pariser Marktes zu illustrieren, in dem Fische gezeigt werden, denen der Kopf abgeschlagen wird. In einem raschen Sequenzwechsel sieht der Zuschauer Gedärme, Maden, Ratten und schließlich einen Mann, der sich erbricht. Wieder schwenkt die Kamera auf das Neugeborene, der jetzt seinen ersten Schrei macht. Die Leute, die nun aufmerksam geworden sind, suchen die Mutter, die sich bereits von dem Fischstand entfernt hat. Ein weiterer Erzählerkommentar sagt, dass Grenouilles erster Schrei der Mutter den Tod brachte. In der letzten Sequenz sieht man daraufhin die Mutter am Galgen.	

Die Figur des Jean-Baptiste Grenouille

Diese Szene wurde ausgewählt, um von der Figur des Jean-Baptiste Grenouille einen ersten Eindruck zu bekommen. Hierbei ist es interessant herauszustellen, ob die Schülerinnen und Schüler der Meinung sind, dass es einen Unterschied zwischen der Darstellung der im Film vorgeführten Figur und der im Text präsentierten Figur gibt.

Mögliche Ansätze hierzu könnte zum einen der Begriff „Zeck" sein, der den Neugeborenen Grenouille im Buch zu beschreiben versucht. So wird gesagt, dass Grenouille in dem Sinne dieses unsympathische Tier verkörpert, als dass er auch in sich selbst verkapselt lebe.[91] In dem Film wird diese Anspielung dadurch deutlich, als dass gesagt wird, dass durch seinen

---

[91] Vgl.: Süskind, Patrick: Das Parfum. Die Geschichte eines Mörders. Zürich: Diogenes Verlag, 1994, S. 29.

ersten Schrei und seine Hartnäckigkeit am Leben zu bleiben, die Mutter gehängt wird. Durch den gesamten Film hindurch und auch im Buch wird gleichsam angedeutet, dass das Ableben der Figuren etwas mit Grenouille zu tun haben.

Fragen, die sich nun an den Unterricht anschließen würden, wäre zum einen die welche Bedeutung der Ort und die Umstände seiner Geburt für die Anlagen seiner Figur haben könnten. Warum lässt sich Grenouilles Charakter demnach nicht einfach als Produkt der Verhältnisse klären?[92] Antworten hierauf bieten sowohl der Film, als auch das Buch, in dem die Figur des Grenouille in einen Genie-Kultus aufgenommen wird. Hierzu gilt es dann mit Schülerinnen und Schülern zu analysieren wie dieser Kultus im Film, als auch im Text dargestellt wird. Darüber hinaus sollen Schülerinnen und Schüler dann einen möglichen Unterschied in der Darstellungsweise des Protagonisten herausarbeiten.

Anregungen für den schulischen Unterricht

Mögliche Thematik:

- Die Darstellung des Schnupperns im Film/Buch, um einen Aspekt des Genie-Kultus aufzugreifen

Im Bereich des lebenspraktischen und verständigunsorientierten Lernens sollen die Schülerinnen und Schüler dabei lernen:

o inwieweit die Darstellung des Schnupperns auch den Charakter des Protagonisten Grenouille verändern. Hierbei ist anzumerken, dass im Buch zu dem Zeitpunkt Grenouilles Geburt noch keine Anspielungen auf sein Genie gemacht werden. Im Film hingegen erfolgt eine rasche Sequenzabfolge mit widerlichen Darstellungsweisen des Gestanks. Hier sind Gedärme, Maden, Ratten und Erbrochenes zu nennen. Das Neugeborene erscheint auf diese Weise als eklige und bösartige Kreatur, da es sich trotz dieses Gestankes entschließt den ersten Schrei zu tun und somit seiner Mutter den Tod bringt.

o diese Szene, wenn nötig zu kritisieren

o zu reflektieren und auszuwerten warum die Szene gerade so dargestellt wird

o den Zweck der Szene für die weiteren Erwartungen an den Film herauszuarbeiten

Im Bereich des theoretischen Lernens sollen die Schülerinnen und Schüler dabei lernen:

o um welches Genre es sich bei diesem Film handelt

o inwieweit die hier dargestellte Wirklichkeit Einfluss auf das Neugeborene nehmen könnte

---

[92] Vgl.: Bogdal, Klaus-Michael, Kammler, Clemens (Hrsg.): Patrick Süskind. Das Parfum. Interpretation von Werner Frizen und Marilies Spancken. München: Oldenbourg Schulbuchverlag, 1996, S. 149.

Im Bereich des ethisch-politischen Lernens sollen die Schülerinnen und Schüler dabei lernen:

o welche Wirkungskraft die Szene bezüglich der Darstellung des Protagonisten gehabt hätte, wenn sie anders verfilmt worden wäre

o welcher Eindruck durch diese filmische Darstellung vom Protagonisten den Zuschauern vermittelt wurde

Im Bereich des ästhetischen Lernens sollen die Schülerinnen und Schüler dabei lernen:

o inwieweit die Szene verändert werden kann, so dass ein nun positives Bild des Protagonisten entsteht

Andere mögliche Thematik:

- <u>Der Zweck der Rückschau im Film im Gegensatz zu dem Erzählbeginn ab ovo im Text</u>

Im Bereich des lebenspraktischen und verständigunsorientierten Lernens sollen die Schülerinnen und Schüler dabei lernen:

o welchen Einfluss diese Rückschau bezüglich des Spannungsaufbaus im Film hat

o wie der Film ohne diese Rückschau gewirkt hätte und warum dies nicht angestrebt wurde

Im Bereich des theoretischen Lernens sollen die Schülerinnen und Schüler dabei lernen:

o ob der Text durch die Darstellungsweise der Rückschau verfälscht wird

Im Bereich des ethisch-politischen Lernens sollen die Schülerinnen und Schüler dabei lernen:

o worin der Vorteil bei dieser Rückschau liegt

Im Bereich des ästhetischen Lernens sollen die Schülerinnen und Schüler dabei lernen:

o wie sie als Produzent den Film am besten begonnen hätten

6.2 Mögliche Unterrichtsschwerpunkte zum Mord am Mirabellenmädchen

Um auch über diese Szene einen Überblick zu bekommen, sollen die folgenden inhaltlichen Schwerpunkte und Auffälligkeiten zunächst einen Eindruck vermitteln.

Szene/Zeit	Inhalt	Auffälligkeiten
# 6. Erstes Opfer Zeit: 0:21:34 bis 0:25:33	Grenouille steht hinter dem Mädchen und schnuppert an ihren Haaren und ihrem Nacken. Die Kamera wird auf das Mädchen gerichtet, die in Nahaufnahme ihr nacktes Dekoltèe und ihren Rücken aufnimmt. Auf diese Art und Weise soll der Geruch, der von dem Mädchen ausgeht, verstärkt werden. Plötzlich dreht sie sich um. Sie blickt Grenouille zunächst ein paar Sekunden an, bevor sie anfängt zu schreien. Grenouille reagiert darauf, in dem er mit seiner Hand ihren Mund und ihre Nase zudrückt. In den Innenhof treten zwei Geliebte, die Grenouille mit dem Mädchen nun sehen könnten. Er weicht deswegen zurück und verschließt immer noch mit seiner Hand ihren Mund und ihre Nase. Als die Geliebten den Ort verlassen fährt die Kamera auf Grenouille zurück. Langsam löst er nun seine Hand von ihrem Gesicht und bemerkt nun, dass sie bereits tot ist. Er legt sie auf den Boden und entkleidet sie. Dann beginnt er an ihr zu schnüffeln. Es scheint fast so als ob er versucht ihren gesamten Geruch aufzusaugen. Immer wieder unternimmt er den Versuch ihren Geruch einzufangen, in dem er seine Hände schützend vor seine Nase hält. Als er bemerkt, dass der Duft immer wieder verfliegt, lehnt er sich erschöpft gegen die Wand hinter ihm.	Das Schnuppern wird nun durch Nahaufnahmen der nackten Haut des Mädchens verstärkt. Fraglich bleibt, warum das Mädchen zögert zu schreien, nachdem sie Grenouille erblickt hat. Es scheint sicher zu sein, dass Grenouille nicht die Absicht hatte das Mädchen zu töten. Dies wird durch seinen verwunderten und unschlüssigen Ausdruck deutlich, als er das tote Mädchen im Arm hält.

Anregungen für den schulischen Unterricht

Mögliche Thematik:

- Die Bedeutsamkeit des ersten Mordes für die weitere Entwicklung des Protagonisten

Im Bereich des lebenspraktischen und verständigunsorientierten Lernens sollen die Schülerinnen und Schüler dabei lernen:

o worin die Besonderheit dieses ersten Mordes liegt. Hierbei ist ein Anknüpfungspunkt an die erste Szene bezüglich der Geniefrage gegeben. Als wichtiges Unterrichtsgespräch ist die Frage anzustreben, ob Grenouille nach den Vorstellungen der Schülerinnen und Schüler wirklich ein Mörder ist.

Im Bereich des theoretischen Lernens sollen die Schülerinnen und Schüler dabei lernen:

o ob der Film angesichts dieses ersten Mordes Krimielemente aufweist.

o ob die Wirklichkeitsdarstellung Frankreichs der Realität entsprochen haben könnte

Im Bereich des ethisch-politischen Lernens sollen die Schülerinnen und Schüler dabei lernen:

o wie man den Mord angesichts der hier repräsentierten Darstellungsweise bewerten kann

o wie sie den Mord aus ihrer eigenen Perspektive bewerten können

Im Bereich des ästhetischen Lernens sollen die Schülerinnen und Schüler dabei lernen:

o auch noch andere mögliche Mordszenen als plausibel/nicht plausibel für den Charakter des Grenouille zu empfinden

o wie sie angesichts der Eindrücke des Protagonisten im Buch den Mord dargestellt hätten

6.3 Mögliche Unterrichtsschwerpunkte zur Höhlenszene im Zentralmassiv

Auch diese Szene soll wie die vorangegangenen auch zuerst durch ein Szenenprotokoll vorgestellt werden.

Szene/Zeit	Inhalt	Auffälligkeiten
# 13. Toter Stein Zeit: 0:57:08 bis 1:00:45	Grenouille ist in einer Höhle. Durch Erzählerkommentare erfährt das Publikum, dass Gerüche hier so gut wie abwesend sind. Lediglich der Geruch von totem Stein würde hier existieren. Diese Geruchlosigkeit wird erstmals verdeutlicht durch Grenouilles Gesichtsausdruck und die Fokussierung der Kamera, die nun sein ganzes Gesicht und nicht nur seine Nase sehen lässt.	Die bereits schon aufgegriffene Frage, warum das Mirabellenmädchen zögert zu schreie, nachdem sie Grenouille erblickt hat, wird in dieser Szene beantwortet. Durch die Rückschau auf das Mädchen wird zudem die Bedeutsamkeit des ersten Mordes gekennzeichnet. Beide Szenen scheinen Schlüsselszenen zu sein bezüglich der Entwicklung der Figur Grenouille.

	Der Zuschauer erfährt durch den Erzähler, dass sich Grenouilles Pläne in der Parfummetropole Grasse das Handwerk der Konservierung von Düften zu erlernen nun verflüchtigen könnte – doch mit einer erneuten Rückschau wird klar, dass Grenouille nicht in der Höhle bleiben kann. In einem Traum sieht er das Mirabellenmädchen, dass sich in Grenouilles Richtung dreht, als sie bemerkt, dass dort jemand zu stehen scheint. Ihn ansehend und dennoch nicht sehen könnend, dreht sie sich in alle Richtungen. Grenouille erwacht und erschrickt, weil er nun feststellt, dass er lediglich Gerüche in seiner Kleidung, nicht aber seinen eigenen ausmachen kann. Aufgeregt läuft er aus der Höhle hinaus in den Regen, um sich dort zu waschen. Doch auch nach dem anschließenden Schnuppern an sich selbst kann er seinen eigenen Geruch nicht ausmachen. Vom Erzähler erfährt der Zuschauer, dass Grenouilles Furcht nicht vorhanden zu sein ihn jetzt übermannt. Er fasst den Entschluss nach Grasse zu gehen, um dort zu beweisen, dass er sehr wohl existiert.	

Mögliche Thematik:

- <u>Analyse des Aufenthaltes Grenouille in der Höhle im Hinblick auf seine persönliche Entwicklung</u>

Im Bereich des lebenspraktischen und verständigunsorientierten Lernens sollen die Schülerinnen und Schüler dabei lernen:

o inwieweit diese Szene die Entwicklung Grenouilles weiter vorantreibt. Wo sind hierbei Gemeinsamkeiten, beziehungsweise Unterschiede zu der Szene des ersten Mordes festzustellen?

o Welcher Prozess durch seine Erkenntnis ausgelöst wird selbst geruchlos zu sein. Warum ist dies für ihn so entscheidend?

Im Bereich des theoretischen Lernens sollen die Schülerinnen und Schüler dabei lernen:

o welche Assoziationen zum Stichwort Berg gemacht werden können. Wie beschreibt zum Beispiel die Religionsgeschichte heilige Berge und welche Verbindung kann man hier zu Grenouille ziehen?[93]

o welche Beweggründe Grenouilles anzuführen sind sich in die Höhle zurückzuziehen.

Im Bereich des ethisch-politischen Lernens sollen die Schülerinnen und Schüler dabei lernen:

o die Szene aus ihrer individuellen Sicht und für den Fortgang der Handlung zu bewerten

Im Bereich des ästhetischen Lernens sollen die Schülerinnen und Schüler dabei lernen:

o inwieweit der Film verändert worden wäre, hätte man diese Szene heraus gelassen

o inwieweit man diese Szene erfassen kann ohne die Kenntnisnahme der ersten Mordszene

7. Resümee

Auf diesen Seiten sollte die Notwendigkeit der Einbeziehung von Filmen in den schulischen Unterricht verdeutlicht werden. Hierbei sollte die Legitimation dieses Mediums angesichts der Zielsetzung im Lehrplan hervorgebracht und mögliche Arbeitsschwerpunkte mit Schülerinnen und Schülern durch entsprechende fachdidaktische Ansätze gewonnen werden.

Angesichts der verbreiteten Vorurteile und vermeintlichen Probleme des Medium Film im Unterricht sollte zu den einzelnen Aspekten bewusst Stellung bezogen und die Vorurteile entkräftet werden.

Anhand der zuletzt vorgenommenen Konkretisierung eines Films im Deutschunterricht anhand von „Das Parfum" von Patrick Süskind sollte beispielhaft die mögliche Einsetzung von Szenen aus diesem Film im Unterricht vorgenommen werden. Hier sollten dann die im theoretischen Teil erwähnten fachdidaktischen Ansätze anhand eben dieser Szenen erläutert werden. Festzuhalten bleibt, dass hierbei sicherlich nicht alle Aspekte aufgegriffen wurden, die man anhand dieses Filmes im Unterricht thematisieren könnte. Ich habe mich bei der Auswahl der möglichen Thematiken nach Auffälligkeiten gerichtet, die mir beim Sehen dieses Films als wichtig erschienen.

---

[93] Vgl.: Bogdal, Klaus-Michael, Kammler, Clemens (Hrsg.): Patrick Süskind. Das Parfum. Interpretation von Werner Frizen und Marilies Spancken. München: Oldenbourg Schulbuchverlag, 1996, S. 151.

Da jedoch jeder eine andere individuelle Bedeutung des Films hat, wäre es für ein Unterrichtsvorhaben wohl besser und sinnvoller, Schülerinnen und Schüler über ihre Auffälligkeiten abstimmen zu lassen und daraus mögliche Thematiken für den Unterricht zu ziehen.

8. Literaturverzeichnis

Primärliteratur

Süskind, Patrick: Das Parfum. Die Geschichte eines Mörders. Zürich: Diogenes Verlag, 1994.

Sekundärliteratur

Bogdal, Klaus-Michael, Kammler, Clemens (Hrsg.): Patrick Süskind. Das Parfum.
    Interpretation von Werner Frizen und Marilies Spancken. München: Oldenbourg
    Schulbuchverlag, 1996.

Böhme-Dürr, Karin: Einfluß von Medien auf den Sprachlernprozeß. In: Enzyklopädie der
    Psychologie, Band C/III/3: Sprachentwicklung. Hrsg. von Hannelore Grimm.
    Göttingen: Hogrefe Verlag für Psychologie, 2000.

Charlton, Michael: Medienrezeption und Lebensbewältigung. In: Der Deutschunterricht.
    Hrsg. von Klaus-Michael Bogdal, Eva Neuland, Helmut Schleuer, Peter
    Schlobinski. Velber: Friedrich Verlag, Heft 3/1997.

Foldenauer, Karl: Medien, Sprache und Literatur im Deutschunterricht. Braunschweig:
    Westermann, 1980.

Gast, Wolfgang: Medienpädagogik, Medienkompetenz, Fachdidaktik. In: Praxis Deutsch.
    Zeitschrift für den Deutschunterricht. Velber, Seelze: Friedrich Verlag, Heft 140/1996.

Gatterburg, Angela: Aliens im Kinderzimmer. In: DER SPIEGEL 20/2007.

Gräbe, Ronald: Fernsehen im Deutschunterricht. Emanzipatorischer Mediengebrauch?
    Opladen: Leske und Budrich, 1980.

Hurrelmann, Bettina: Wer erzählt all die Geschichten? Gedanken zum Wandel unserer
    narrativen Umwelt. In: Neue Sammlung. Vierteljahres- Zeitschrift für Erziehung
    und Gesellschaft. Hrsg. von Hartmut von Hentig. Seelze-Velber: Friedrich
    Verlag, 2001.

Ingendahl, Werner: Vom Erlernen einer „Medienkompetenz" im Deutschunterricht. In:
    Deutschunterricht zwischen Kompetenzerwerb und Persönlichkeitsbildung. Hrsg.
    von Hansjörg Witte u.a. Hohengehren: Schneider- Verlag, 2000.

Mattusch, Uwe: Die Bedeutung der neuen Medien für den Lehr- und Lernprozeß. In: Neue
    Medien- Edutainment – Medienkompetenz. Deutschunterricht im Wandel. Hrsg.
    von Hans Dieter Erlinger. München: KoPäd Verlag, 1997.

Meister, Dorothee M., Sander, Uwe: Multimedia in der Schule – Eine Einführung. In:
    Multimedia. Chancen für die Schule. Hrsg. von Dorothee M. Meister, Uwe Sander.
    Neuwied, Berlin: Luchterhand, 1999.

Ministerium für Schule und Weiterbildung, Wissenschaft und Forschung des Landes
    Nordrhein- Westfalen (Hrsg.): Richtlinien und Lehrpläne für die Sekundarstufe
    II – Gymnasium/ Gesamtschule in Nordrhein- Westfalen. Deutsch. (Heft 4701).
    Frechen: Ritterbach Verlag, 1999.

Minte-König, Bianka: Fernsehen und Video im Deutschunterricht. Zur Didaktik
    audiovisueller Rezeptions- und Produktionsmedien. München: Wilhelm Finke
    Verlag, 1980.

Schörkhuber, Wolfgang: Film im Deutschunterricht- Literaturtransporteur, Filmanalyse oder
    was? In: Informationen zur Deutschdidaktik (ide). Zeitschrift für den
    Deutschunterricht in Wissenschaft und Schule. Film im Deutschunterricht.
    Hrsg. von Werner Wintersteiner. Innsbruck, Wien, München, Bozen: Studien
    Verlag, Heft 4/2003.

Rußegger, Arno: Nulla dies sine kinema. Eine kleine Einführung in die Filmanalyse in sechs Abschnitten. In: Informationen zur Deutschdidaktik (ide). Zeitschrift für den Deutschunterricht in Wissenschaft und Schule. Film im Deutschunterricht. Hrsg. von Werner Wintersteiner. Innsbruck, Wien, München, Bozen: Studien Verlag, Heft 4/2003.

Tulodziecki, Gerhard: Erziehung und Bildung im Medienzusammenhang. Ziele, Bedingungen, Aufgaben und Kompetenzen. In: Kinder an die Fernbedienung. Konzepte und Kontroversen zum Kinderfilm und Kinderfernsehen. Hrsg. von Joachim von Gottberg, Lothar Mikos, Dieter Wiedemann. Berlin: VISTAS Verlag, 1997.

Tulodziecki, Gerhard: Medienerziehung als Aufgabe des Deutschunterrichts. In: Neue Medien- Edutainment – Medienkompetenz. Deutschunterricht im Wandel. Hrsg. von Hans Dieter Erlinger. München: KoPäd Verlag, 1997.

Wächtershäuser, Gabriele: Die AVM in der Sprecherziehung. In: Die audio-visuellen Mittler im Deutschunterricht. Ein Handbuch für Lehrer und Erzieher. Hrsg. von Ernst Meyer und Ewald Fr. Rother. München: E. Keimer Verlag, 1971.

Wolf, Lothar: Stichwort: Medienkompetenz. Bedingungen und Perspektiven der Medienerziehung. In: Kinder an die Fernbedienung. Konzepte und Kontroversen zum Kinderfilm und Kinderfernsehen. Hrsg. von Joachim von Gottberg, Lothar Mikos, Dieter Wiedemann. Berlin: VISTAS Verlag, 1997.